BAJO EL CIELO DE BETSAIDA

Carlos J. Castro

COLECCIÓN ITES

BAJO EL CIELO DE BETSAIDA

© Carlos J. Castro
© Ilustraciones: Carlos M. Rodríguez (Carlines)
© Prólogo: Manuel Sánchez Vázquez
© de esta edición: Olé Libros, 2025

ISBN: 979-13-87620-97-4
Depósito legal: V-2935-2025
Impreso en España

KALOSINI, S. L.
Grupo editorial olélibros
equipo@olelibros.com
www.olelibros.com

Este libro lo dedico a varias personas:

A mi madre, que me puso delante un libro con seis años
y ya caí rendido a las letras.
Todavía no he llorado lo suficiente por ti.

A mi amigo Alexis. Me sigo acordando de ti todos los días.

A mi padre, por sus enseñanzas sobre la vida.

A Laura Sánchez, mi hermana Sandra, mi cuñado Javi
y mis sobrinos, Laura y Javi,
por seguir soportándome todos tal como soy.

A David Cánovas, por ser mi acólito preferido.

A mi amiga escritora Cinta Rosa, por sus consejos y amistad.

A mi amigo escritor Manuel Sánchez, por su apoyo continuo
y por nuestras eruditas conversaciones.

A mi amigo poeta José Ramón Lorenzo,
por sus correcciones y comentarios.

Quisiera agradecer a Carlines, por sus excelentes ilustraciones.

Y a todos los amigos y amigas que giran alrededor de mi mundo.
No puedo nombrarlos a todos y a todas, ya lo sabéis,
porque sois muchos.

Le combat spirituel est aussi brutal que la bataille d'hommes.

ARTHUR RIMBAUD

PRÓLOGO

Hoy, muy cerca de cumplirse doscientos años de la muerte del insigne bardo, William Blake, el eco de su voz y la contemplación de sus visiones, vuelve a sobresaltarnos de nuevo, pero esta vez, reencarnadas en la poesía de Carlos J. Castro. En su tercer poemario, *Bajo el cielo de Betsaida*, las ensoñaciones del autor y la multitud de imágenes que consigue crear con sus versos no son menos extraordinarias que las del evocado poeta inglés. Pero a diferencia de aquel, que vivía constantemente en una nube, Carlos J. Castro vive muy apegado a la tierra, y es en esta misma tierra donde sus sueños echan raíces. Fruto de ello es este libro que hoy llega a nuestras manos.

En este poemario, cargado de simbolismo, la voz lírica del poeta va construyendo una cosmovisión barroca y litúrgica, repleta de sugerentes imágenes, donde se alternan las visiones urbanas, con otras bucólicas y ancestrales. La imaginería religiosa, entre lo apocalíptico y lo redentor, se funde en esta obra y precipita al lector hacia un territorio nuevo e inesperado. El dolor, la esperanza, el amor, la fe, el abatimiento o la aniquilación, tanto a nivel colectivo como íntimo y espiritual, van creando una atmósfera de la que será difícil escapar.

Liberado de todo tipo de doctrina, tanto religiosa como de cualquier otra índole, Carlos J. Castro nos conduce por el pasado y el presente de este mundo convulso, solo armado con sus versos y con una fe inquebrantable en la palabra, que a veces sangra y delira, clama y desafía, mientras nos muestra todo aquello que le hiere o fascina. El lirismo del que se vale nos traslada a la reflexión y al ensueño, al desgarro y al enfrentamiento abierto contra los enemigos de esa humanidad bienhechora a la que él aspira.

En su poesía transgresora y simbolista, es difícil no hallar reminiscencias de Rimbaud, Lautréamont, Bukowski, poetas malditos y turbulentos. La rebeldía contra todo tipo de formalismo constituye la esencia de su carácter, y es a esa anárquica corriente a la que sin dudarlo se arroja Carlos J. Castro.

Bajo este cielo de Betsaida, una lluvia de metáforas ilumina la perenne y azulada noche del poeta, donde sus visiones lo conducen a los interrogantes más trascendentales de la tragedia humana: la soledad, la muerte, el implacable paso del tiempo. A todo ello se enfrenta el autor de forma heroica, sin ningún tipo de almibarado sentimentalismo, solo armado de palabras y de su testaruda voluntad, que de forma incesante no ceja de golpearnos con las imágenes que anidan en sus sueños. Probablemente sea compasión lo que Carlos siente por la humana estirpe, y con sus versos no hace más que mostrarnos un pequeño resquicio de ternura y esperanza.

De entre la cascada de metáforas que brotan sin cesar del libro, también a veces se esconde una mirada irónica, como en el poema *Parábola de un medicamento*:

[...] instrucciones para su uso correcto:
debes tragar el comprimido entero
con vino directamente del cielo,
lo puedes tomar con panes o con peces,
según tus sagradas preferencias [...].

Pero tras ese breve paréntesis con algún toque de humor, el poeta vuelve a la oscuridad en la que habita, con unos versos tan bellos como sombríos. Su título, *La mujer en sombras*:

Susurra la mujer en sombras [...]
Giran las ruedas del crepúsculo
rota el viento en su sueño
vira su alma hacia las cruces
¡Quién fuera de su dolor el dueño!

De esas mismas sombras es la barbarie que hace salir a
Carlos J. Castro, donde nos muestra su infinito dolor ante lo
que sus ojos presencian. *Gaza*:

Pero entonces te conocí, Gaza querida,
y a tus niños asesinados
los veo volviendo a sus cunas,
y veo el cáliz derramándose sobre la Última Cena [...]

Perdonadme, hijos de Gaza [...].

Y es otra antigua atrocidad, cometida bajo el papado de
Inocencio II, la cruzada albigense, lo que estremece las entra-
ñas del poeta. *El crucifijo infantil*:

[...] entre la tumba joven
y el bosque ebrio;
donde el pulcro insecto
espera a sus hijos.
Tañen las doce campanadas
sobre el valle
de los niños albigenses [...].

Como ya dijimos anteriormente, la poesía de Carlos J.
Castro apenas concede espacio a cualquier tipo de vaga ilu-
sión, y mucho menos nos ofrecerá una trinchera donde gua-
recernos de la desoladora lluvia de imágenes que surge de su

mente. Por su sangre fluyen visiones en constante frenesí, visiones que llegan hasta nosotros en forma de versos, desnudos y descarnados, tal como él los concibe:

Ahora ya no somos la lluvia del alba,
ni las aristofanescas risas de los zorros de la noche.
Ahora vivimos para morir abrazados
y huelo tu cabello, lleno de continentes [...].

Nos dice en su poema *El bosque de las muletas*.

Ajeno a las modas literarias al uso, Carlos J. Castro elige vivir en ese mundo tan suyo, oscuro y desgarrado, al que jamás podríamos llegar siguiendo los mecanismos lógicos de aparente compresión intelectual. Según Paracelso, en toda cosa creada hay dos cuerpos: el visible y el invisible; y es bajo ese paradigma, en ese choque de sus visiones con la realidad, donde Carlos se debate atormentado. Al igual que Blake, su querencia por la metáfora y el símbolo, y la misma tendencia hacia un lenguaje críptico, es lo que lleva a nuestro poeta a decirse casi en forma de susurro:

Debería hacer callar
las monsergas de las tumbas.
Sin embargo [...]

Debería acariciar
al cisne
en su lago,
iluminado por un rayo
de espíritus.
Sin embargo [...]

Debería escribir poemas
menos crípticos y tenebrosos.
Sin embargo [...].

Altares, iglesias, esculturas, lápidas; expresiones muy laten-
tes en la cosmogonía del autor, lugares de sagrada quietud,
en los que el poeta halla la armonía necesaria donde poder
sacrificar todo aquello que lo devora por dentro.

Tal vez los versos de Carlos J. Castro no logren encontrar
nunca la paz, sus lectores así lo deseamos, pues es la única
manera de poder seguir disfrutando de ese mundo imaginario
y fascinante al que nos traslada. Seguro que él, entre poema
y poema, sabrá concederse una tregua, mientras mira el mar
o mientras contempla absorto los ojos velados de las estatuas,
donde yace oculto todo el misterio de sus versos.

Manuel Sánchez Vázquez
Junio de 2025

Parábola de un medicamento

Cada comprimido de Nimbada 10 mg
contiene 10 mg de almas de ruiseñor,
equivalentes a 7,5 mg de tus lágrimas
caídas en la hierba, al lado de la capilla,
de las biblias holgazanas.
También contiene almidón de corazones enamorados
y otros excipientes.
Para mayor información consultar
con los ríos, con los bosques,
con las ardillas coloradas de luz.

Cómo tomar el medicamento,
instrucciones para su uso correcto:
debes tragar el comprimido entero
con vino directamente caído del cielo;
lo puedes tomar con panes o con peces,
según tus sagradas preferencias.
La dosis normal es de 10 mg al día,
a menos que tus recuerdos, que nunca se van,
te indiquen que tomes 20 mg al día.

Si tomas más Nimbada del que debes,
ponte en contacto inmediatamente
con la noche herida y traicionada
e ilumínala con tu corona de fuego.
Los síntomas en caso de sobredosis
pueden incluir: dolor en las nubes,
conjunción incorrecta de los planetas,
mareo de la mar,
somnolencia de la muerte

estremecida en tu regazo,
percepción de cosas
que no están.

Si olvidaste tomártelo,
hazlo en cuanto veas espejos
en los altares; pero solo aquellos que reflejen
el sufrimiento de las flores.
Nunca busques más de un espejo al día.
Si tienes alguna duda, pregúntale
a los zorros que te besan,
al viento que te prepara el lecho,
a las campanas que se echan a volar
desde las iglesias de los árboles.

En todo caso, no lo dejes nunca
cuando saltes sobre tus llamas
y coagules el signo de la luna.
Cuando las estaciones
se tambaleen en tu cabello
y los desiertos te hablen
de crepúsculos en tus manos,
no dejes nunca de tomártelo.

No dejes nunca de administrártelo
cuando los cerrojos del tiempo
se cierren sobre tu corazón,
y las galaxias del sueño
invadan la realidad
en forma de virginales niñas con coletas,
sujetas con serpientes del paraíso.

Y acuérdate de que yo,
desde mi dulce tumba inclinada, donde gritan
las mandrágoras y el Cristo resucita
entre la hierba de Adán,
estaré en todos los países
de tus ojos, y el demonio macho, clavado en tus llamas,
verá desde lejos cómo la mar se va a pique,
y todos los estribillos de tu espíritu
cantarán las canciones de la sangre
en tus veloces venas medicadas.

EL REINO DEL HIELO

El tumulto del invierno
se desliza por el altar
del huracanado templo.
La mano enroscada de la ventisca
lanza los pájaros a sus nidos.

Escenarios a la luz de las avalanchas,
coléricas representaciones
de muerte zoológica
en los retablos de tu hielo.

El mar, frío,
con sus ritos
y sus réquiems,
con sus derrelictos
esperando a los timoneles andróginos
de cabellos de escarcha,
con sus canciones
temblorosas y sus ceremonias.
Se dirigirán hacia la derrota
de tus órganos,
buscando el comienzo
de tu sangre,
el estuario
de tus suspiros.

Desembarcarán
entre las veloces olas congeladas,
arrodillándose ante tu cama
a prueba de ángeles,
con el invocado suelo
a tu alrededor.
Convertirán sus plegarias
en sonidos jamás escuchados,
y la negrura que hay en tus pechos
desaparecerá
para siempre,
entre la respiración
de la santa intemperie.

El zoológico crepuscular

Los trovadores trovan
escondidos en sus guaridas
de amor,
los corceles asexuados
galopan sobre el cabello
del bosque,
el gusano se deja dormir
al pie del árbol, soñando
con ser el cebo
en curvos anzuelos de oro.

El zoológico crepuscular
entre los fantasmagóricos sauces.
La catarata
asesina de salmones
con su cántico sobre el agua,
los leones abandonados
entre las tumbas
de los pájaros, recordando
las caricias de tus manos.
Donde se proclamó el cuento,
donde las saetas de luz
atravesaban el corazón de los ciervos,
ahora hay un altar druídico, enrojecido
por las venas
de los taumaturgos.

Las manzanas
caen desde el árbol atávico,
ruedan buscando serpientes
a las que morder.
Viene desde Galilea
el sendero que atraviesa
la superficie brillante
de tu piel.
Los alargados centinelas
de las iglesias de mimbre
con sus sacerdotes salvajes,
cautivos en el invierno oscuro
de tus ojos.
Duermes donde cayó
el cielo y calcinó la huella
de Nazaret,
rasgas la noche
con cuchilladas
de luz cantarina.

Sobre la batalla zoológica
despierta la mañana,
y tú, con tus llanuras
y tus montañas, con tus abismos
y tus ritos, te dejas llevar
por la respiración entrecortada
de la loba,
herida y enamorada de ti.

La muñeca

Una muñeca
en el piso de arriba
se ha instalado,
organiza fiestas
de alcohol y gestas
los jueves
y los sábados.

Un día unos pasos dulces,
de princesa altanera,
se oyen bajar por la escalera;
mi ojo curioso se acopla
a la mirilla,
como el vestido de comunión
a una chiquilla.
La muñeca
mi timbre
va a apretar,
en cuestión de segundos
va a sonar:
Ding dong...
Dong ding...
Abro la puerta
con mi corazón
en estado de alerta.
«Tengo un problema,
¿me ayudas a solucionar
este dilema?»,
proclama la muñeca
con voz hueca.

Las lágrimas
fluyen por su cara
como una catarata
menospreciada:
«He apagado una estrella
y devorado el fulgor
de ella».
Le comunico
a la muñeca
que no se preocupe
por la estrella,
en el firmamento
hay muchas de ellas.
El lloriqueo desaparece
de su rostro
como el frío
en agosto.

Su morena mano
estrecho;
mi sentimental
lámpara de araña
fluctúa en el techo.
«Me ha dado
tanta pena...
Por cierto,
me llamo Serena.
¿Quieres subir
a mi alcoba y tomarte
un café en mi taza
de caoba?».

La muñeca y yo
en el piso de arriba
nos hemos enamorado;
organizamos fiestas
de alcohol y gestas
los jueves y los
sábados.

Ahora ella
es muy sociable;
solo come productos
dietéticos y saludables.
Preparo una reunión
de paz
entre las estrellas
y la muñeca voraz;
el tejado
es el lugar adecuado.
Dos estrellas gigantes
son las representantes,
se acercan a nosotros
con pasos vacilantes.
La muñeca empieza
a babear
ante tan rico manjar;
con el rostro desfigurado
se lanza hacia ellas
como un tigre desesperado...

La muñeca y yo,
en el borde
de un agujero negro
hemos acabado,
nos han sentenciado
los astros enfadados;
sujetos con las
cuerdas que dan cuerda
al mundo,
solo nos falta
un empujón estelar
para caer en el agujero
profundo.

Moriré contento
estando al lado
de tan dulce portento:
la muñeca bonita inmortal
será lo último que verán
mis ojos,
antes de que la negrura
se me lleve por ella,
y quede convertido
en un feliz despojo.

Carlines 2024

La mujer en sombras

En la penumbra otoñal del bosque
donde la luz sufre de tristeza
vive la mujer en sombras
entre árboles de fría corteza.

Su cabello del color de la tormenta
vestido como un cielo sin estrellas
el sendero desollado de claridad
muere en los pies de ella.

Sobre la colina del trueno
tiniebla repleta de ojos
la emboscada de mi locura
llena su cordura de despojos.

Susurra la noche negra
tenebrosa noche como el carbón
susurra a la mujer en sombras
y a su oscuro corazón.

Giran las ruedas del crepúsculo
rota el viento en su sueño
vira su alma hacia las cruces
¡Quien fuera de su dolor el dueño!

El río llora
llora por la luna desaparecida
dile a las estrellas que la encuentren
que necesitamos su luz como el tren una despedida.

Huelo el mar lejano
mar de tu linterna pescadora
olas de sudarios fríos
y tu murmullo en el agua trovadora.

Hasta aquí llega mi ayuda
cada vez te alejas más de mi locura
¿Pero quién está más loco?
¿Yo o tu escondida hermosura?

MAR, CIELO, TIERRA

Oye mi voz entre las peligrosas mareas de los países,
óyela entre las olas de las ciudades de acero,
entre el sotavento de las orgullosas estatuas.
Escúchame en las emisoras del océano,
en las cubiertas fantasmales de los pecios,
en las islas que no salen en los mapas.

Óyeme que estoy en tu pecho,
acurrucado en tu difícil corazón.
¿Oíste a los cielos cuchichear por ti?
Yo no los oí, estaba muriendo en tu alma.
Siente el dulce aroma de los relámpagos
mientras tu tristeza incendia las estrellas.

Tú, que pudiste apoyar la mejilla
en la sombra del bosque
donde la blanca lechuza
fue bautizada con tus lágrimas,
tú, hija de una noche de otoño,
nadie te ha rendido culto lo suficiente.

Gaza

El viento transporta el polen
que fertiliza las oscuras almas,
antiguos naufragios se reflejan
en mis ojos.

Treinta años estuve en el cielo,
viviendo entre nubes de fuertes chaparrones,
no me faltaba de beber y mordía las cumbres
más altas.

Pero entonces te conocí, Gaza querida,
y a tus niños asesinados
los veo volviendo a sus cunas,
y veo el cáliz derramándose sobre la Última Cena,
y a Da Vinci salpicando de rojo
la barba de los apóstoles.
El Éxodo cincela el camino
con guadañas ensangrentadas.
La maldición atraviesa las campánulas
del jardín del Edén.
El Muro de las Lamentaciones lamenta
las molestias ocasionadas a sus adictos
de cabezas oscilantes.
Sé que hay un sepulcro en el cielo, escoltado por las estrellas,
lleno de juguetes y muñecos.

Perdonadme, hijos de Gaza,
inocentes como las naranjas.
Perdonadme, niños de Gaza,
pues el ruiseñor, trovador de los muertos,
se posa en vuestros hombros indefensos.

Prepararé mi brazo para el halcón de la tristeza,
que pose sus garras en mi desnuda carne
y que la culpa azotada por la galerna inocule mis venas.

LA CANCIÓN

Con tus años de luna bajo el corazón
con el bullicio del sol en tus ojos.
Amiga, amor mío, esconde tu alma en el tímido bosque
de los lobos; la manada te protegerá de la cazadora muerte.
Danza por donde no haya danzado nadie,
ríe por donde no haya reído nadie,
llora por donde no haya llorado nadie.
Esculpe aves en el cielo del mañana,
que descansen en los nidos del tiempo.
No creas defraudar a la vida
si ves crecer las flores ante ti:
ya no hay secretos que esconder
en los templos del agua.
Los santos ríos duermen en tu boca,
desvístete del fuego del fénix,
deja el vestido colgado en la cruz sin sangre.
Prepara una hecatombe perfecta
para el niño Cristo.

Oh, mi querida cosita,
el zoológico murmullo de los árboles
es el comienzo de tu canción exquisita:
¡que suene en los altavoces de las iglesias!,
¡en la megafonía de los trenes bala!
La inocencia traicionada en la guerra interminable,
en los ojos del demonio la inocencia reflejada.
El hambre del huracán en una calma de palabras,
tu estribillo resuena en los años del mar.

Perdona,
perdona por no querer escucharte
en el comienzo del crepúsculo,
voy a grabar el sonido de las nubes
del cielo de la sangre palestina
en los tocadiscos de la tierra
hasta que solo quede color, música...
y silencio.

¡ADORMECIDA EN UN NIDO
DE CIEMPIÉS ASESINOS!

Proclamas, mientras el amanecer de tu cuerpo
se humedece en el rocío de los sueños,
y tu lento despertar ilumina
el advenimiento de los planetas.

Recuerdo todavía los minutos anteriores
al nacimiento de los templos,
cuando ángeles y demonios todavía luchaban
delante de ti por un centímetro cuadrado de almas,
cerca del lago de las lágrimas.
¿Te acuerdas de lo bien que lo pasábamos
tirando piedras al lago?
Al anochecer las lágrimas
volvían a nuestros ojos,
y nos hacían llorar de nuevo, ¿te acuerdas?

¡Adormecida en un nido de ciempiés asesinos!

Proclamas, mientras un rápido convoy de pájaros
se refugia en tu cabello,
huyendo de la ciudad asesina
y del infortunio del relámpago.

Recuerdo la leyenda oculta en la ventana
en el azulado alféizar de cristal:
«La dulce doncella,
la de ojos de zafira,
concédele el baile
en el salón de las mentiras».

¿Te acuerdas del salón de las mentiras?
Al anochecer las mentiras
volvían a nuestras bocas,
y alguien lloraba de nuevo, ¿te acuerdas?

¡Adormecida en un nido de ciempiés asesinos!

Proclamas, mientras las picaduras de los ciempiés
te hacen reír y te incorporas en el nido,
agarrándote al sarcófago del viento,
y las aves te elevan y te llevan
al camposanto más allá de las nubes,
donde perderás la gracia
a cada latido del trueno
y las lágrimas y las viejas mentiras
ya no volverán a tu cuerpo,
y te acordarás de mí
e intentarás llorar,
pero la noche guardará tus ojos
en la luz recién parida de la luna.

El riachuelo

Llegué hasta la montaña de las tristezas y cuchillas,
donde el caduceo y la serpiente,
al lado de la iglesia herida
cuyas paredes estaban arañadas
por los espectros de la noche.

Allí posé mis pies,
con mi manto achicharrado de ruegos
y mi corona llena de resucitados alcaudones.
Yo rezaba entre los árboles, agazapada
como las mentiras de los enamorados,
y la buena tierra florecía a mi paso.

Colmada de dulces primaveras,
con mis ojos llenos de céfiro,
en mis manos ahuequé la sangre
del preciado músculo del amor.
El agónico signo de la colina
se disparó hacia las estrellas de fuego.

Los espectros volvieron a sus cunas,
la serpiente se enroscó en su caduceo
siseándome palabras edénicas.
Yo miraba hacia lo lejos,
hacia las eléctricas luces de Sodoma
con sus millas y millas de mierda y decrepitud.

La noche estaba a punto de esconderse
por entre las nubes,
entonces recordé mi génesis como mujer
y lloré rememorando a mi hijo y a la cruz,
y mis lágrimas se unieron con las de la montaña,
formando un riachuelo que brillaba
con los primeros rayos de la mañana.

ME BEBO SU TRISTEZA

Ella llora sobre el velo de la ciudad,
entre el cielo se oye el réquiem
de las trompetas de Jericó.
Hay un alboroto
en los relámpagos
de su luna.
Los cuatro alados besan
su rostro húmedo;
se llevan su dolor
hacia mi boca.
Me bebo su tristeza,
recorro sus heridas
aturdidas de estrellas.
En sus manos
sucumbe el sol de la mañana.
Postrada bajo la cúpula
de los pájaros,
gritando el nombre
de su amor desaparecido.
¿Quién podría calmarla acariciando
su cabello,
profetizado en las iglesias del viento?
¿Quién podría tranquilizarla besando
su boca,
anunciada en los altares de las quimeras enamoradas?
Ella espera al niño resplandeciente,
que atravesará su punzante oscuridad
iluminando los camerinos de su negrura,
el fogonazo infantil
sobre el escenario en penumbra
de sus recuerdos.

¿Quién podría apaciguarla abrazando
su piel,
deseada por las diosas de mármol?
Ella espera al niño de puro fuego,
que secará
su sábana de lágrimas
que quemará
sus gritos,
que calentará
su espíritu
helado por la pérdida...
¡Quién podría amarla curando
su corazón menguante!
¡Quién podría ayudarla muriendo
por su alma sangrante!

Carlines 2024

El envío

La persona que no vaya hoy en día a un psiquiatra está loca.

Ahora ya no estoy loca, soy la luna dormida en tu luz.
Ahora ya no soy luz, soy el sueño oscuro de los recién nacidos.
Ahora yo no he nacido, soy demasiado altiva para nacer.

Envié un ángel al cielo y me lo devolvieron convertido en un demonio,
un demonio de cuernos como hoces y alas hechas con las voces del mañana.
El mañana me sorprende interpretando varios papeles en el teatro de tu locura.
Tu locura se me hace dura con las primeras gotas del rocío.

Envié un jardín de edelweiss al cielo
                        [y me lo devolvieron convertido en un muladar,
un muladar de cruces sangrantes y de gritos de pájaros.
Los pájaros besan mi boca entre sus nidos de lágrimas.
Lágrimas de niños bajo las cúpulas de la batalla.

Envié la vista de un águila al cielo
                        [y me la devolvieron convertida en una miopía galopante,
galopante voy entre las montañas de la Iglesia,
                                        [a lomos de una gama con hiel en la boca.
La boca de la fuente huele a desolación.
Desolación tendré cuando leas esto en el avión, rumbo a mi corazón.

Envié un montón de mierda al cielo y me la devolvieron multiplicada por Dios,
¡Dios! Me he olvidado de acariciarte entre las ráfagas del amor.
El amor imposible se convierte en un odio posible.
Posible será si no termino este poema y dejo ya descansar a la musa.

Envié un beso al cielo
    [y me lo devolvieron convertido en una mesa de IKEA difícil de montar.
Debería aprender a no molestar al cielo.

DEBERÍA

Una congregación de ángeles
huyendo de Belén
se acerca a mí,
con su antorcha de alas.
Aire agitado alrededor mío,
protegido por un espolón
de ruiseñores.
Las prometidas, con sus lechuzas,
Iluminan el alcázar
de mi corazón,
con su albergue
de heridas.

Debería hacer callar
las monsergas de las tumbas.
Sin embargo,
la emperatriz de las olas
acerca la marea de ciudades
a mi regazo;
el agua se separa del grito
de los héroes
en las barricadas.
El asustado collado
de sacerdotes
se santifica.

Debería acariciar
al cisne
en su lago,
iluminado por un rayo
de espíritus.

Sin embargo,
me dedico a trepar
por el huidizo vendaval
hacia una nube
en forma de silencio,
intentando tocar
la luna,
temblorosa
de mí.

La leyenda de Dios
con puntos suspensivos...
Los párrafos
en la pared
de una catedral
de almas.
Los altares
bien pertrechados
de serpientes
y manzanas.
Mi rostro lleno
de hechizos,
entre la vidriera
del Jordán.

Debería escribir poemas
menos crípticos y tenebrosos.
Sin embargo,
esto es lo que nace
ahora mismo del alcázar
de mi corazón,
con su albergue de heridas.

La congregación de lechuzas,
la emperatriz de las tumbas,
los ángeles en las barricadas,
los héroes acariciando cisnes
en lagos de sangre,
los altares de la luna,
las catedrales de serpientes,
las vidrieras en el vendaval...

Las olas del Jordán hechizado
esparcirán todo esto
por Judá temblorosa,
y los poemas seguirán fluyendo
enroscándose unos
con otros, en el aire, uniéndose
como los granos de arena de terribles
torbellinos que se acercan
a la prometida Belén.

EL CRUCIFIJO INFANTIL

Amurallado de nubes
está el firmamento.
La fábula celestial retumba
en las lenguas
de los juglares.
El cucú roba el tiempo
de tu mirada
y canta en la misa
de medianoche.

Naufraga el río
donde flota el soldado
con sus heridas,
soñando
con un vivero
de bayonetas.

Intrincadas campánulas
visten la colina
con sus colores del mar.
Apareces erguida
en el cerro de una ola,
entre la tumba joven
y el bosque ebrio;
donde el pulcro insecto
espera a sus hijos.

Tañes las doce campanadas
sobre el valle
de los niños albigenses,
esperando que te ayuden
con su crucifijo infantil.

Ancla de flores
asegurada en el lecho
del milagro;
crucifijo infantil
hacinado en tu corazón,
limpiando
el veneno del amor.
La luz de los pájaros
ilumina tus arterias,
buscando la espuma labrada
de la tristeza.

Alguna gordinflona nube
ataviada con lágrimas de viento
se desprende del cielo y su muro,
arropando tu cuerpo
tembloroso.
Hay una redada en tu alma
y descubren desesperación
por valor de un millón
de gritos. El crucifijo infantil
se torna llameante en tu espíritu
y quema la negrura,
desesperada de luz...

Te despiertas en el Acto IV,
Escena III, de *Romeo y Julieta*,
estás en un teatro techado de suspiros.
Ocupas uno de los palcos cedidos
por la muerte.
Ya no tienes el deseo
de suicidarte por él.
Ya no piensas en tu dolor
inmortal,

en las noches sin dormir
esperando sus caricias
que ya no llegarán.
Ahora miras por encima
del escenario y descubres
un crucifijo infantil,
pintado en la pared del teatro,
brillando cuando lo miras.

Carlines 2024

El baile

Tu danza exquisita,
con los movimientos tallados
en la nube del águila;
la coreografía deslizándose
por la tormenta humeante.
Bailas y bailas por la colina del océano,
moviendo los brazos
entre el llanto de las olas.

Ocultas los truenos
en el arrecife
donde naufragó tu sonrisa,
perdida en el rostro
del mar.
He visto tu cabello
tapando el fuego
del empíreo,
he visto tus manos
por entre el grito del sol,
salvando el vestigio de mi voz.
Bailas y bailas entre orcas y ballenas
impidiendo que se maten entre ellas
por acercarse a ti.
¡Oh! Por no poder amarte
descansa el triste océano
en su tumba acogedora.
La emperatriz navegante
y sus catedrales empapadas;
el chillido del pez, quiebra
el sagrado coral.

Bailas y bailas sobre el minuto
del cántico de las sirenas,
sorprendentemente enamoradas
de ti.

¡Oh! Háblame sobre la reliquia
escondida en tu alma;
¿es amor hacia mí?,
¿es odio?
Yo estoy como las sirenas
o el océano,
o como las bonitas ballenas...
desesperado por ti.
¿Es amor u odio?
No tardes en hacérmelo saber:
el dulce malecón me llama,
para quebrarme los huesos.

CUANDO MIRO AL CIELO

Cuando miro al cielo
solo veo fuego y destrucción,
veo supernovas, agujeros negros,
choques de galaxias,
no veo ángeles, no veo querubines,
no veo cóncavos arcoíris
acariciando la lluvia.

Cuando miro al cielo
veo bombas cayendo
desde aviones que superan
cinco veces la velocidad del sonido,
no veo a ningún Dios
con una barba blanca pasada de moda
perdonándonos la vida.

Cuando miro al cielo
veo la sonora sangre
de las almas
y veo sus ruegos, gritos y chillidos,
no veo las brisas de los mares,
ni al aire lamiendo altos árboles,
ni al polen amando flores.

Cuando miro al cielo
veo luz sufriendo de penas,
veo los senderos de las nubes
desapareciendo entre la negrura santificada,
no veo poesía ni esperanza,
no te veo con tu corona nimbada
llorando por nosotros...

Pongo rumbo en dirección a la muerte,
de los azulados ojos de la tierra
me dirijo hacia la arboleda
donde gritan los alcaudones,
hacia la cruz negra que yace
retorcida entre las espinas.
Siempre será mejor
que volver a mirar al cielo,
hacia los oscuros relámpagos
del reino mentiroso
con sus puertas chirriantes y sucias,
malditas puertas cerradas
desde hace tiempo.

Sin audiencias, el muladar de la fe
nos ha abandonado
a nuestra suerte.

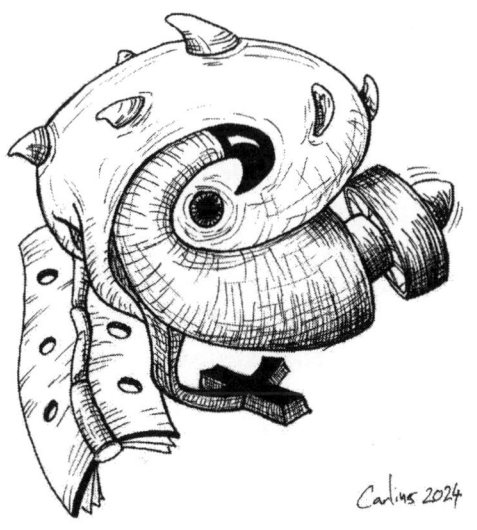

Carlins 2024

LA BRUJA

La ciudad a lo lejos,
la luz de los edificios cuchicheando.
La guarnición de mujeres
se dirige al valle de los secretos,
ahora la luna vive y el demonio llora,
ahora ríe el arcángel
en el sepulcro de los esqueletos.

El círculo llameante,
el athame bien agarrado.
La guarnición de cabellos
abatiendo la noche
ahora se da cuenta
de tu rostro iluminado por los relámpagos,
ahora muere Hamlet en tus ojos sagrados.

¡Oh, dulce secreto de vestido largo!
Con los pies tocando la cabalgata de escarcha,
¿es verdad Egipto en tu viento?
¿Ahora los altares de la noche desean tu piel?
¿Ahora muere el santuario entre tus manos?
El rito se eleva
por el aire sin lágrimas.

La obra de teatro infinita,
el pentagrama dibujándose solo.
Los cinco elementos de la andrógina tierra,
ahora el conjuro ya está hecho,
ahora siéntate en el montículo
donde murió quemada y asesinada
y oirás el precioso cántico de tu hija
una última vez.

Zoé. Otro fin de semana sin maquillaje

Inspirado en los temas Weekend without makeup
y Heaven help the new girl,
de The Long Blondes.

Y las calles con sus cúpulas de tristeza,
y los suspiros en la niebla escurridiza,
y el veloz amor achata el hocico
contra las aceras borrascosas,
buscándote entre los olores
del drama.

Otro fin de semana sin maquillaje.
Otro día sin *glamour*
entre las praderas
de cemento.
La cruz enterrada
en las noches de neón.

El humo de los cigarrillos
atrapado en tus carnívoras pestañas.
Las innumerables fotos
de tu resurrección
en las paredes
de un bar de copas.

Otro fin de semana sin maquillaje,
otra vez haces parpadear
a las estrellas que no aparecen
en nuestro firmamento.
La hiel te observa
desde las alas de los ángeles caídos;

andas por entre las torres de humo,
por el camposanto de las fábricas.
Cantas tus temas pop
desde las suicidas azoteas.
Las canciones se suceden una tras otra:
letras sobre dioses olvidados
sobre santuarios paganos
en el Edén,
sobre amantes que mueren
en naves espaciales
a las que se les acaba el oxígeno...

¿Otro fin de semana sin maquillaje?
La serpiente habladora
te delinea los ojos con su negro veneno,
el demonio te presta su rímel,
Adán pinta tus labios
con el color de Dios:
tu metamorfosis se completa,
te descubren esculpida
en un árbol de Getsemaní.
El círculo se cierra
en el viento del tiempo,
la historia se repite.

Otro fin de semana sin maquillaje,
otra historia cartografiada en tu sudario,
la manzana como el centro
de tu perdición
pintada miles de veces
con tu dulce sangre.

[Roma, 23/05/24]

Carlines 2024

PULSACIONES

En los intervalos automáticos de tu sangre
los bares llenos de espejos
reflejan el remolino perfecto
de tu bonito cabello.

Las ciudades caen por el cuentagotas
de los Gobiernos,
con sus cristalinas crueldades
sus conversaciones subliminales
y sus correctos orgasmos.
El uniforme flota en el aire,
esperando caer
sobre algún cretino sabelotodo.

Años de luz antibiótica
sobre una exposición
de pintores daltónicos:
algunos lienzos se venden
en el mercado negro por un precio
de trece mil almas.
El muñeco y su esclavo ventrílocuo
aportan información
sobre la inmortalidad de los años luz,
sobre el golpe de estado en Venus.
La mano embotellada en ámbar
señala el reino de tu dolor,
el diapasón vibrando con la frecuencia
de tus ojos.

La isla en explosivo bioavance,
tu fragancia en llamas
en oleadas de misterio esenio
sobre la luna profetizada.
Los jóvenes escorpiones
hacen guardia por fuera de tu soledad,
con sus aguijones goteando agua
de tus recuerdos.

Yace tranquila,
sueña con la tormenta silenciosa,
sueña con los relojes sin tiempo,
con las campanas sin iglesias.
Lanza los bajeles a las crestas de las olas;
los marineros enamorados de ti
morirán en las montañas del mar.
Embruja a las sirenas
y que sus rostros en el agua
te pidan ansiosamente un beso.
Aprovecha y escóndete en la oscuridad
de mi alma, solo te pido
que me devuelvas los dos mil años de amor,
que me devuelvas la poesía que me robaste
sobre los cielos de cobre...

En los intervalos automáticos de tu sangre
los bares llenos de espejos
reflejan el remolino perfecto
de tu bonito cabello.
En los intervalos automáticos de tu sangre
el remolino de perfectos espejos
llena tu cabello de bonitos
bares reflejados.

En los intervalos automáticos de tu sangre
los espejos se rompen hiriendo tu piel
besada por mis labios,
y los conventos arden con sus monjas extracorpóreas
rezando por ti,
y las cenizas curan tus heridas
en las mañanas empapadas por tus gritos.

Carlines 2024

Lágrimas de robot

¡Pobre robot vertiendo sus lágrimas!
Bautizaron tu mundo con un brotar de *bytes*,
con un surgimiento de cables, de circuitos.
Tu corazón santificado de metal fue esculpido
por el dios de los datos.
Tu alma sintetizada en los cielos de las matemáticas.

¡Oye ahora la voz de los alcaudones asesinos, robot tonto!
Ayúdalos y ayúdame a buscar las espinas perfectas
para su árbol tótem:
que empalen mi carne maldita
y me liberen de tanto desamor,
¡que disparen mi sangre!
y la repartan por los miríficos bosques de los niños...

Que tus frías lágrimas calmen
mi sed de ella, robot llorica,
y que el alba sin sol esculpa mi cuerpo
allí donde no llega la luz,
para poder escondernos tú y yo
en las esquinas doloridas de nuestros espíritus.

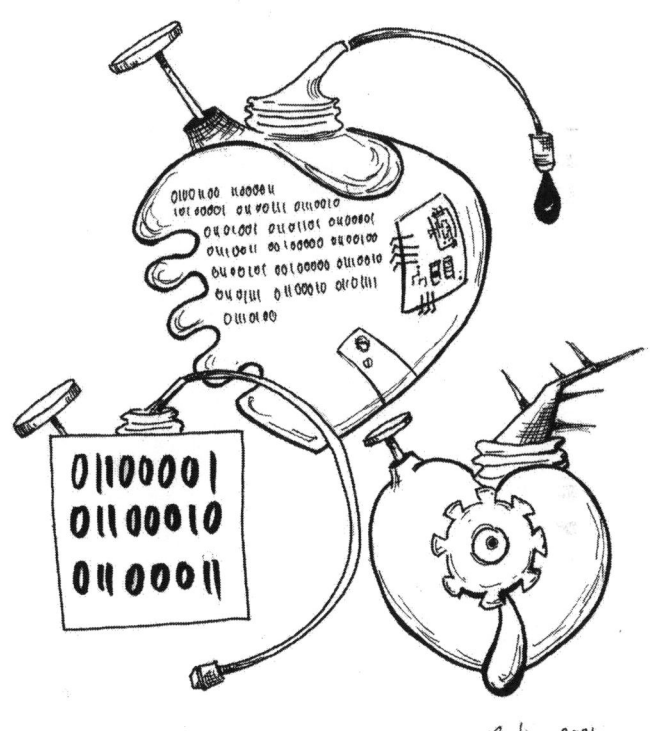

Carlines 2024

LOS LOBOS DEL INVIERNO

El empíreo, rapado al cero, enseña
sus manchas de nacimiento.
El amor arde en el templo,
envidioso de no tenerte
como su diosa.

Las heridas de las calles
sangran en los garitos bienaventurados.
El bosque de los niños
es un espejismo de tu corazón;
cíñete al plan y no salgas del camino
de los huesos de la luz.

La marea silenciosa
observa al estuario,
mezcla de vida y muerte.
¡Alerta a los marineros!
¡Que viren a babor!
¡Que no encallen
en el naufragio de tu locura!

Acuérdate de tirar la semilla
en la comarca sin nombre,
al sur de las Horcas Caudinas,
donde murieron los lobos del invierno.
El árbol crecerá
y los protegerá
de la luz maligna de la vida.

No te olvides de la agónica juventud
de los rayos,
y de las promesas de la lluvia
a la ciudad maldita;
sus buhardillas están atestadas
de corazones y serpientes:
sangre y veneno
en la cantidad justa
mezclados en tu cuenco de suspiros,
y, con un poco de luz
de antes de tu nacimiento,
será suficiente
para que despiertes
dentro de tu alma,
y busques al demonio, escondido
entre los pliegues de tus gritos,
y lo asesines
con el cántico
de la tormenta.

Carbens 2024

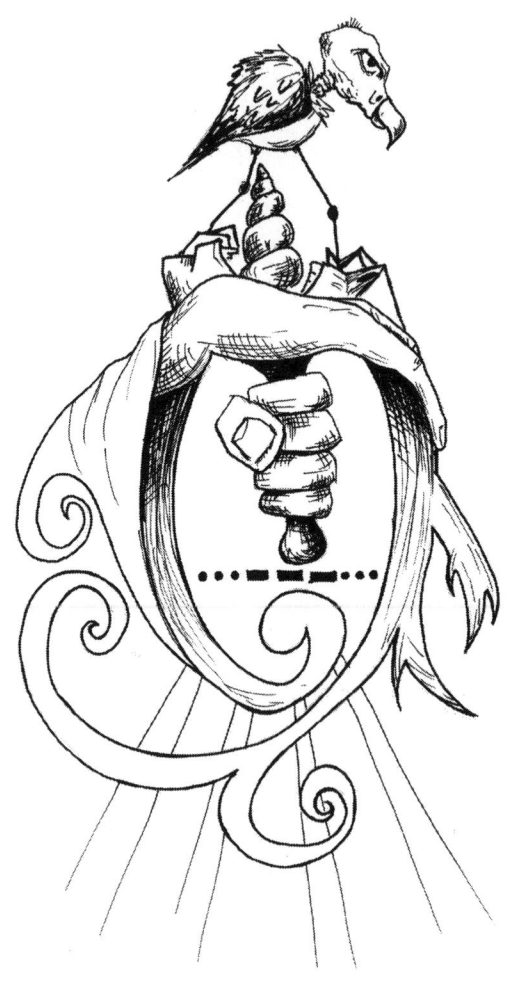

AMATERASU TELEGRAFIADA

Amaterasu y su sol
descansan en el pelo
de la mañana,
la electricidad se desliza
por entre las felices nubes;
buena suerte le dé la sangre
del relámpago, el águila herida de amor
sobrevuela su corazón repleto de llamas.

El laberinto de las caracolas,
los rostros de los muertos
en las crestas de las olas.
Que las rimas se terminen,
que las llamas de sus miradas
las fulminen.

Monzón de ángeles
sobre la sangre de los niños;
Gaza cae hacia el cielo,
hacia el parpadeo de los hospitales que tiemblan
en el rocío de los gritos.
Peligroso desprendimiento
en la montaña de almas.
Amaterasu y su luz,
como un espectáculo de artificios
en el Egipto sacerdotal.

¡Oh, dulce diosa! Protégeme
de las falsas ciudades de metal,
con sus negros machos cabríos
pastando en los hemiciclos
donde se sacrifica al pueblo.

¡Oh, dulce diosa! Ayúdame
con el palacio de la noche,
donde las estrellas solo se aparecen
a los que mueren entre los escombros
del mal.

La capilla en llamas,
los pájaros aúllan entre las ramas;
las ofrendas en sus picos
se pierden en los sueños del viento.
Amaterasu telegrafiada...
¿podrás perdonar mis gritos
por guiar a los muertos
a sus tumbas apiladas?

El laberinto de las caracolas,
los rostros de los muertos
en las crestas de las olas.
Que estos versos se terminen,
que las llamas de sus miradas
los fulminen...
O que las palabras de este poema,
por favor, de otra manera se combinen:
repletos de luz
los dulces niños
aúllan en el viento de los pájaros,
sus rostros felices por el sol
descansan en el palacio
del relámpago.

LA LLAVE

Cincelada en un vestido de luz,
bendecida por el remolino de la colina.
La quemada belleza de tus lágrimas
moja de milagros
al hospital trasnochador.

Andas por la escollera
de las jóvenes suicidas
mientras te palpas los bolsillos
y te das cuenta
de que te falta la noche:
seguramente la olvidaste
al salir de casa,
con tantas prisas.

Los precipicios están pavimentados
con la tristeza de Tenerife.
La llama andariega evapora
cualquier esperanza de redención
en los condados del tiempo.

Colgada del cuello
llevas la llave
de la galería del cielo;
¡haz que resplandezca
la iglesia de los niños
entre el deleite
de las lápidas!

Abre la puerta
del bosque;
¡que salgan los zorros
a besar tu rostro!
¡Que cumpla su deseo
el riachuelo
y muera en el mar!

Sostén la llave en tu mano,
que no te queme
su juventud ancestral.
Las cerraduras del viento
se dirigen hacia ella;
ábrelas
y navega con la vela de almas
a través de la corriente del empíreo.
A estribor, una parte de tu vida,
A babor, una parte de tu muerte.

Oye la tonada
de las aves
cerca del diluvio
del miedo.
Baila por entre el clima
de la tormenta maldita;
allegro moderato de violines
mientras tus pies danzan
por entre las nubes electrificadas.

Utiliza la llave para abrir tu corazón,
déjame entrar en tu resonante sangre.
Llegaré hasta la capilla de tu dolor;
te prometo que en el altar
lloraré planetas por ti
y curaré tu mal.

Cuando termine
déjame la llave,
para abrir mi tumba
y por fin, descansar.

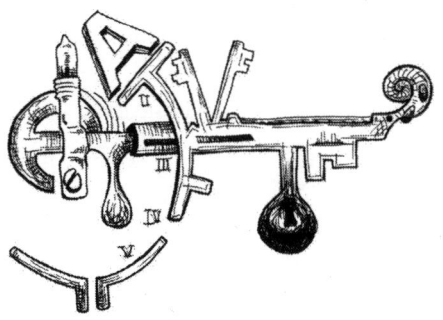

Carlines 2024

TU MAR Y TU TIERRA

Tibias cruzadas,
la negra bandera izada
en el mástil de coral,
las velas buscan barlovento
en tu cabello.
Insólita luz en la estatua
hundida en el abismo de tu iris.
Como cada luna nueva
la plegaria del capellán en su ola;
el cementerio infantil descansa,
sumergido.

Flotas por entre lápidas
de graciosos nombres;
la piedra protege a los niños
de la vida.
Desde las iglesias ahogadas
los altares de musgo
señalan más allá de la superficie,
a Capricornio,
con sus estrellas asesinas.
Se han acabado los milagros
en las salvajes almas
que navegan
por la médula del mar.
Tiras el ancla,
hecha de hombres
con el corazón hechizado.
Desembarcas
en el valle danzarín,
donde levitan las piedras.

Halcón de fuego
ilumina las nubes
en el atardecer
de los espíritus.
El sudario de luz
tiene la forma
de tu dolor.

Jehová suspira por ti
y llora en la muerte
del viento.
A las afueras de la lluvia
caminos de escarcha
te llevan al infortunio
de la sangre.
Telarañas de relámpagos
alumbran por un instante
el reino del mal;
te acurrucas en tu trampa
de sábanas,
atemorizada.
Empiezas a cantar
sobre la muerte
de las montañas,
y el arcoíris ilumina
tu rostro tembloroso.

Tu mar y tu tierra.

Agazapada
en tu terremoto
de delfines
escondida

en tu maremoto
de árboles
observas la lucha
de tus heridas,
el advenimiento
de las mentiras,
el nervio del mal
en tu dulce piel.
Y grita el zorro
en su bosque estropeado,
y el oceánico murmullo
de las mareas
te recuerda
la voz de tu amor verdadero,
abrazas al zorro
palpitante de lágrimas
y juntos soñáis de nuevo
con vuestros amantes,
desaparecidos más allá
de Capricornio.

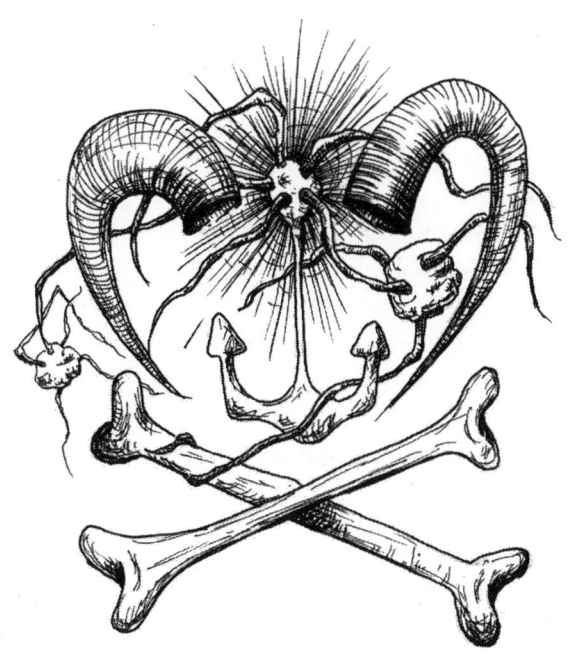

Carlines 2024

EL BOSQUE DE LAS MULETAS

El seto vivo,
la noche sobre la bardera y el monte,
los corazones de los lobos en la mano del sueño.
El aquelarre de las niñas se oye
entre los árboles asustados;
las Vírgenes Marías con sus mantos timoneados por el viento
observan el ritual con curiosidad,
los peregrinos sanados tiran sus muletas
y nadan felices en el frío río de reflejos nirvánicos.

Lloran las campanas de las montañas,
treinta y tres repiques
sobre las *eucalípticas* alas de las dormidas alondras;
la perfecta integridad del sueño zoológico
reflejada en los ojos de un moderno Noé
palpándose la vena,
inyectándose una solución intravenosa de Jehová.

Pálida y bella como una taumaturga azteca,
como el acuarelado atardecer de un lienzo imposible;
hombro despojado contra hombro despojado,
tu contacto me hace llorar
sobre el cementerio de flores.
Miramos hacia la suciedad del cielo
esperando que ocurra algo;
un avión de almas la atraviesa
en una complicada rutina sonriente.

Ahora ya no somos la lluvia del alba,
ni las aristofanescas risas de los zorros de la noche.
Ahora vivimos para morir abrazados
y huelo tu cabello, lleno de continentes
y de hambre de guerra,
y las niñas brujas lloran por nosotros
mientras preparan el siguiente aquelarre,
en el bosque de las muletas.

EL LENTO AMANECER

Hay un valle de locura hecho.
El cercano soto se llena del color del fuego,
las conejas buscan a sus crías
entre árboles derribados
por el viento doloroso.
Un minuto después del nacimiento de la mañana
el atormentado rebaño de ojos
es cegado por el último resplandor de la noche.
Las ardillas recuerdan el beso de la luna
antes de ser atravesadas
por saetas caídas del cielo.

Hay un *blackjack* entre las nubes
de la lejana tormenta, ¿lo ves allí?: veintiún relámpagos atronadores
iluminando las laderas.
El póker definitivo entre el bien
y el mal, entre la sempiterna muerte
y la vociferante vida.
El ensalmo definitivo entre las piedras sagradas;
el último sacerdote madrugador bendice
a la estrella hembra, con su lascivia de luz.

La mañana se abre paso por tu sexo,
como un lento orgasmo.
La polvareda de pájaros amanece soñando
con nidos del color de tu pelo.
El mar y sus rocas
como una gran pila bautismal,
el coro de almas se zambulle en el agua
demasiado tarde busca el perdón.

Te bañas en la sangre del océano,
sobre el altar de Lilith chillas
en el sueño de Candelaria
con sus guanches de piedra
y sus cirios en las cuevas.
El sol alado se abre paso
por tus transitadas venas.

Adiós, adiós al movimiento perfecto de tu tristeza
entre la basílica santificada;
hola, hola a tu rostro de llamas
acariciado por el niño
desde su cementerio de caracolas.

La bahía del Evangelio

La bahía del Evangelio,
con su clérigo y su congregación
en la orilla.
Las aguas olfateadas
por la claridad de la mañana;
el lienzo de la arena cambia constantemente
por las pinceladas de la marea.

Los orgullosos ojos de las profundidades,
observándote desde las ciudades de coral y piedra
esperan su momento para soñar contigo;
los edificios sumergidos emergen
de los eléctricos abismos de las medusas,
con tu nombre esculpido en los sillares.

La estatua de la bahía llora
en el funeral de las olas;
la marea se las lleva
al nacimiento del sol, allá lejos,
en el despertar de tus ojos.

Los delfines miran hechizados
el movimiento de tu cabello,
humedecido por el llanto
de las moribundas ballenas.

En la bahía del Evangelio
los peces no se multiplican,
se dividen por entre las heridas del arpón,
huyendo de su sabor a muerte.

En la bahía del Evangelio
las cantarinas niñas se ríen
y juegan, por entre sangrantes
maderas de naufragios.
EN la BAhíA dEL eVANgeLiO
A VeceS LaS CosaS No SOn LO qUe pARecEn y
CambiAN De fOrMa y SE DiLuyEN
pOr enTRe LA sANgRe dE LA LuZ
Y PoR eNtRE LoS ESpíRiTUs
DE lA MéDuLA DeL mAR.
INcEsANtE mUSa, ¿Es QUe NunCA
Te dARÁs Por VencIDa y SaldRáS
DE EstA PesADilLesCA tORmENta
DE lOCurA?

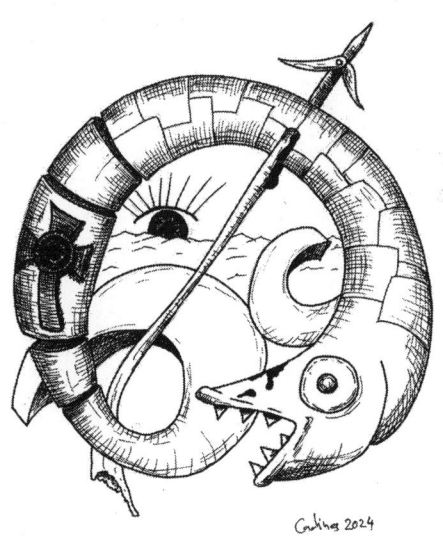

Cortinas 2024

SOMBRAS Y CLAROS

El resplandor ilumina la belleza de la oscuridad,
la noche de ágiles talones se retira hacia tu regazo.
En sus nidos los halcones despiertan soñando con bandadas de vencejos,
volando vienen desde tu cabello.

Me asomo a la casa de temblorosas ventanas,
te veo reflejada en los cristales del pasado,
la secreta herida resbala de tu rostro
a cámara lenta.

No digas que no te avisé de la luz en el niño,
del grito de la muerte que se oye a lo lejos,
de las praderas despertando
de la guerra.

Ahora separa la noche y el día
con tus manos temblorosas,
y deja el alba y el atardecer
para la sangre del amor.

MIEDO

Los trozos de mirada,
las lágrimas agazapadas
lejos de tu cama.
La trovadora Biblia flotando
en el Jordán bautismal.
Estás hecha de hierro y sangre
con tus alas negras,
como las de un cormorán maldito.

El campestre sol
escondido en el arcoíris
de las lápidas;
el musgo resbaladizo
entre los epitafios
de venganza y de amor:
«te visitaré cuando sangres
en tus sueños»,
«no me olvides
hasta que la noche arda
y caigan las estrellas»...

El pescador desorientado
en el bosque,
buscando el anzuelo
donde clavó su alma
enamorada.
Las profetisas profetizan
en los valles nevados de luz,
entre las enredaderas
y las belladonas asesinas,
donde crecen los milagros imposibles
de Galilea.

¡Oh! Las campanas de las iglesias
avisan de la caída de la luna
en tus mejillas.

Apoya tu cuerpo
en el viento de la mañana
y descansa acurrucada
de tu miedo a amar.

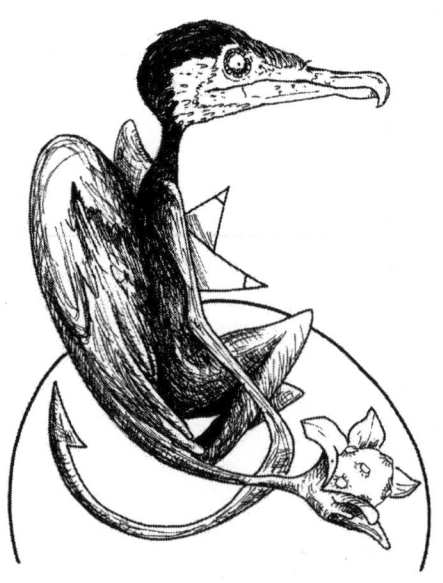

Carlines 2024

Solos

En la colina sin bautizar
brotan templos en primavera,
sin saber el nombre de la luna
los niños trepan a los altares
con sus cuchillos pegajosos
de sangre seca;
es el comienzo
del Génesis infantil.

Hay apariciones
en las nubes;
los relámpagos iluminan
al agonizante Cristo,
las estrellas respiran y crecen
en la tierra materna del cielo.

La ardilla se calienta
en su hoguera,
levanta la mirada
hacia el mar,
hacia el joven rastrojo
de barcos;
las proas se acercan a tierra.
La serpiente huele
el intenso olor a Edén
que desprenden los bajeles.
La joven novia duerme
en su lecho de olas.

La niebla está manchada de flores.
Al arcoíris le faltan los colores,
seguramente perdidos
en el cabello de la musa.
El ritual de los mirlos
con su orfeón alado,
el trompeteo del trueno los asusta
y huyen
hacia el nido de almas.

Ya es tarde en la tormenta equivocada,
cuando dejaste caer una lágrima
en la sobrehumana colina,
ya era tarde.
Ahora tú y yo estamos solos,
desesperadamente solos.
Y nuestros corazones
aúllan en la lluvia,
y el río, jinete de la primavera,
se los lleva a la desembocadura
de la sangre,
y el sueño de nuestro amor
se ahogará
en las mareas
del tiempo.

Calina 2024

ACELERA

La muerte no se enamora de nadie
ni de nada,
solo de la luna reflejada en tu mirada.
Las viudas lloran
en sus sudarios perfumados,
viendo al cielo morir noche tras noche
como sus soldados en la guerra.
Es la primavera de las bayonetas
y de la sangre sembrada,
los jardines colmados
de señores crucificados
se entrevén a lo lejos de las avenidas,
rebosantes por el tráfico de las mañanas.

Tienes que acelerar hacia la velocidad de crucero del dios,
hacia el sol hembra donde descansan
los niños juguetones con sus perros,
brillantes como luciérnagas.
El alboroto de los mirlos
en sus estatuas de alas
y en sus nidos,
llenos de plumas parlantes.
Aprende las palabras
de la médula de la naturaleza,
observa tus pisadas
sobre el agua del río
donde ningún pez
se atreve a desovar.

Acelera sobre el fuego de Salem
hacia el relámpago del cabello
en la madera ardiente.
Tu imagen veloz
acecha a las iglesias que se inclinan
buscando la luz de las llamas;
danza entre la seda de los gritos
igual que un arlequín sonriente.
He querido alejarme de ti
pero encuentro tu piel en mi boca,
¿por qué la beso y la huelo?
Antes de que la muerte te pida que vivas con ella,
acelera hacia mi corazón
y bébete mis dulces pulsaciones.

Catims 2024

Para mi madre

La palabra secreta del fuego
es el nombre de mi madre
trepando por las llamas.

Sueño mi nacimiento esta noche
en la cama de manos frías,
con sábanas acartonadas
por la sangre seca de un ángel.

Las cohortes infantiles me observan
en formación de *triplex acies*,
esperando el momento para desearme felices sueños;
doce vientos de noviembre las protegen
de la delgada muerte.

Muerte, muerte de Don Quijote
y su viento de locura;
el bálsamo de Fierabrás cae
sobre el cielo oscuro,
sobre la ciudad sitiada por los pájaros,
sobre el demonio de ojos vidriosos.

El violín controla mis tormentosos labios
bajo el cielo de Betsaida.
¡Escúchame, Lázaro! Nunca resucites,
porque la muerte
es la medida del amor.
Quédate en tu tumba
y sueña con tu hermana y su revolución.

Bendito el espejo que arde
tras la oscuridad de espinas y sangre.
La huella moribunda de mis palabras
se pierde en el empezar del viento;
mi lágrima amazona recorre mi piel
hasta resbalar por la colina santificada,
allí florecerán las cruces del alba.
Se crean nuevos sermones,
y zorros avergonzados de colores nunca vistos
me besan antes de que llegue el amanecer.

Recuerdo que aún estoy cuerdo
y utilizo esa ventaja
para jugar al escondite
con la luna del sueño.
Escondiéndome detrás de la montaña,
con los ojos cerrados
cuento cuántos palestinos han muerto
y, después de cinco días sin parar de contar,
abro los ojos y busco a la luna.
Pero la jodida se ha escondido bien,
y al final acabo encontrándola
en el centro de mi alma,
llorando a moco tendido
al descubrir la tristeza más absoluta
que nunca había visto antes.

El brujo

El conjuro se desliza
por mis labios andróginos,
la luna se enfada, se vuelve colérica
en el cielo apostólico.
Los escenarios caliginosos
con sus tinieblas de cartón piedra
se llenan de infantes
con sus almas prendiéndose fuego.

Yo les enseño dramaturgia
y taumaturgia,
les enseño la sed del río,
el rito en el círculo de la colina.
Les digo que el sol regresará al cielo
después de su periplo
por nuestra oscuridad.

Te veo más allá de nuestro corazón carmesí
y de nuestras heridas emboscadas en el recuerdo,
galopas sombría por las montañas de las nubes
a lomos de un caballo de luz.
Una flauta de hechizos resuena en tu cabello maldito;
pero ¿cómo se puede maldecir un cabello que huele a Dios?

Tú, que una vez fuiste madre y padre,
hembra y macho,
que inmaculada mirabas en el interior
de mi más negro secreto,
dime el verdadero nombre del sol y de la luna.

Donde la luz no ilumina
donde el dolor hiere mi espíritu,
bendíceme en la alta colina
que se acerca.

Allí, en ese lugar sagrado,
se rasga el firmamento
con nuestro humano ritual.
Tus gotas de madera caerán por mí,
en el relámpago escondido.

La herida astuta

Hay una pizca
de congregaciones,
y la torre salta
a través de tus ojos.
Tu estruendoso corazón,
negro como la tumba
de la noche, con su cama
de estrellas, busca la luna
entre las alas de la muerte.

El mellado cerro de yeso
cincela tu rostro
con cada golpe de viento.
Tu herida astuta
sangra cuando le conviene
en el alféizar de la lechuza.
El joven fraile de fuego
intenta cauterizarla
con sus lágrimas ardientes.

Un duradero rebaño de espíritus
se dirige trovando hacia el sepulcro
de los vencidos;
siéntate conmigo a ver a los fantasmas
en el desfiladero sin bautizar,
en medio de los niños de sangrienta mirada.
Dale la mano a la muchacha santa,
yo cogeré la tuya.
Que la congregación
nos desee suerte,
entre las venas embrujadas
de los árboles.

Asesinato de pájaros
en la ligera luz
de la mañana.
La muchacha santa tararea
la canción sumeria.
No tiembles de miedo
ante el desconocido sol;
tiembla cuando yo muera
bajo la mano del bosque,
y ya no pueda amarte,
y no pueda impedir que se apaguen
las velas de tus capillas,
dejándote sin luz
ante la oscuridad más desoladora
que existe.

DONDE

Las multitudes de las nubes
y sus sepulcros valientes,
donde se sacrifican
los pájaros cazadores
en el cielo del Cristo,
con sus peces y sus panes.
Donde se arrodillan las estatuas
a tu paso,
con tu armadura de lágrimas
y tus células,
astilladas por el dolor.
El imposible funeral de Lázaro
en tus manos.
La sangre se apiada
de la lenta tortura de tus venas.

Donde reza el gato enfurruñado
en tu regazo,
a través de los tiempos
de un solo reloj, ahí estará
el rito del aire hembra
sobre el collado
que no reverdece.
Loado sea el viejo camino
donde se oye
la voz del halcón,
la jauría de flores
se zambulle
en la orilla del valle.

La noche silenciosa
del sol,
donde se entreoyen
las notas
del oscuro órgano
llamando a misa.
Tu corazón palpitante
sobre la anciana foresta
de las fábulas,
con sus cabañas regordetas
llenas de espíritus de madera.
Esconde tus pasos
entre los harapos
de las rosas,
donde las espinas
te acarician los pies.

Sé valiente con la lluvia
y el sueño,
con el fantasma
que canta su canción
de amor
entre los cipreses,
sé valiente
donde el fuego
no lo fue,
con tu propio evangelio
en la mano,
domando las montañas malditas.

Donde se acaban
tus gritos,
donde se termina
tu melancolía...
Ahí estaré,
acariciándote
en el otoño bendito
del mar...
Ahí estaré,
esperando tu proa de besos,
la zozobra de tu alma indomable...
Ahí estaré,
donde mortificas a mi muerte
con tu sonrisa,
donde se oye llamear
tu piel contra la mía,
ahí estaré.

AVISOS, RECOMENDACIONES Y REFLEXIONES

Atención a la aurora en tu rostro.
No hables con el ánima de la ventisca.
Ten cuidado con el espíritu de las hormigas.
Mira dentro de la botella de los mil océanos.
Comparte las sílabas de tu grito.
Huye de las paredes manchadas de amor.
No te pares a hablar con la luz del zorro,
te enterarías de cosas que no te gustarían.
Comprueba que el bosque te habla
antes de entrar en él,
te ahorrarás muchos problemas.
No hagas mucho caso de los suspiros
de la iglesia del claro,
la que está rodeada de tumbas de soldados
enterrados con lágrimas de sus madres.
Sé benévola con el ileso violín de los árboles,
tienes que entender por qué se calla
a tu paso.

Te aconsejo que te sientes
a los pies de la lápida,
y reflexiones por qué
está puesto mi nombre en ella
y no el tuyo.
Por qué no dejé que te quemasen
en la santa hoguera.
Y por qué, aún estando muerto, me acuerdo
de los momentos que pasé contigo
en las orillas del Jordán:
los milagros
se notaban todavía

al este de tu cabello,
donde se unen sangre
y fuego.

Ten en cuenta las cometas
de los infantes, volando bajo,
rozando la cólera de las flores
en los jardines del infortunio.
El cielo, hermafrodita, con su agua preparada
para otro diluvio de arcas;
el Pentateuco acelerando
en nuestras cabezas,
hacia la velocidad de crucero
de Dios.
Deberías leer el evangelio
del mar, con el padrenuestro
de los delfines y el avemaría
de las olas.

Y para terminar,
ten presente que siempre
estaré a tu lado,
soy parte del aire que respiras,
de la comida que comes
y del agua que bebes.

ÍNDICE